Academia del Arte

Óleo

El retrato
en la pintura al óleo

Bagnall • Hille

ediciones
ceac

Título original: *Menschen. Porträt. Figur. Akt*
Traducción: Mireia Serra Zantop
© 1994 Ravensburger Buchverlag
© Grupo Editorial Ceac, S.A., 1998
Para la presente versión y edición en lengua castellana
Ediciones Ceac es marca registrada por Grupo Editorial Ceac, S.A.
ISBN: 84-329-7254-1
Impreso en Alemania
Grupo Editorial Ceac, S.A. Perú, 164 - 08020 Barcelona
Internet: http://www.ceacedit.com

Contenido

Sobre este libro

Sin duda, la pintura al óleo es la técnica pictórica más reconocida tradicionalmente. En otras épocas, incluso se llegó a considerarla como el único arte verdadero. Por esta razón, podemos encontrar tanto grandes obras de la pintura al óleo, por ejemplo, un Tiziano o un Rembrandt, en el pasado, como en el presente –piense en un cuadro surrealista de Dalí o uno abstracto de Picasso. Sin embargo, la admiración y el respeto que sentimos hacia los artistas famosos y su obra suelen inhibirnos a la hora de ponernos a pintar. La técnica, en sí misma, ya es bastante complicada, y en cuanto se trata de un retrato, parece más difícil todavía. En comparación, un paisaje supone un género más accesible, pero en cuanto nos encontramos ante el ser humano como tema, nos echamos atrás.

Y es en este punto donde este libro le ayudará, animándole a superar cualquier miedo, a intentarlo. Le iniciará en el mundo de la pintura paso a paso, tanto en los aspectos técnicos como en todo lo referente al tema de la figura y el retrato. Le asesorará convenientemente en el uso óptimo de los materiales, le mostrará las técnicas básicas y le ayudará a superar el miedo al «no lo conseguiré».

La pintura al óleo es una técnica lenta que requiere paciencia, pero, a cambio, también admite múltiples correcciones, así como pausas y descansos. Los golpes de efecto inmediato son difíciles de conseguir. El óleo requiere planificación y reflexión, se trata de un proceso que puede ser increíblemente cautivador e interesante.

Este libro también le enseñará cómo planificar, trabajar y desarrollar su propio estilo. A modo de guía, cuatro artistas le explicarán sus métodos personales de trabajo paso a paso, sus trucos favoritos y su forma de usar los óleos. Con la ayuda de diversos trucos y experimentos, queremos transmitirle la alegría y la libertad propia de la pintura al óleo. ¡Que aproveche!

Ursula Bagnall

En estrecha colaboración con Brian Bagnall, director artístico de la colección «Art Academy», se ha ocupado del diseño y del texto de este libro, compaginando las explicaciones y las imágenes de todos los artistas.

Ursula Bagnall nació en 1945 y se formó como diseñadora gráfica en la Academia de Artes Gráficas de Munich. En 1972 trabajó para Otl Aicher en las olimpiadas, después se dedicó durante cinco años a la actividad docente en una escuela norteamericana en Amsterdam. Aparte de colaborar con la televisión bávara, desde 1973 es diseñadora gráfica y autora independiente. Junto con su esposo, ha publicado numerosos libros, entre los que se encuentran varios métodos de pintura para adultos y niños.

Astrid Hille

Astrid Hille es la editora de la colección «Art Academy» y trabaja en estrecha colaboración con el estudio Bagnall. Nació en Hamburgo en 1955 y se formó como dibujante técnica, estudiando finalmente ilustración y pintura en la Escuela Superior de Arte y Diseño de Hamburgo. Ha trabajado como ilustradora y profesora de arte para adultos. Después de cursar estudios de pedagogía aplicada a los medios de comunicación y al teatro es, desde 1985, asesora de libros de arte y libros infantiles.

Brian Bagnall

Este pintor le guiará por el camino que lleva de la representación figurativa a la abstracción, ya que un retrato no tiene por qué ser siempre realista. Brian Bagnall nació en 1943 en Wakefield (Inglaterra), luego estudió pintura y artes gráficas licenciándose con matrícula de honor. Se trasladó a Amsterdam y compaginó la actividad docente con colaboraciones en numerosas editoriales y agencias de publicidad. Desde 1970 reside en Munich donde, junto con su esposa, fundó el Estudio Bagnall. Además, ejerció durante algunos años de profesor en Darmstadt. Ha publicado numerosos libros y ha expuesto su obra en varios países europeos y en Corea.

Ronald Börner

Este artista le introducirá en un estilo realista muy especial, el fotorrealismo. Nacido en 1954 en Bienemühle, en los Montes Metálicos, Ronald Börner se interesó desde muy joven por la pintura, aunque, de oficio, sea agente de policía. En 1978 se trasladó a Munich para combatir la criminalidad juvenil, y la pintura se convirtió en una forma de compensación para un trabajo tan duro. Sus temas preferidos, que expone con regularidad en exposiciones colectivas, son el bodegón y el retrato. Por razones de trabajo, fue destinado en 1992 a la entonces República Democrática Alemana, donde reside con su familia.

Edeltraut Klapproth

Edeltraut Klapproth le mostrará cómo plantear y componer un retrato, con todos los requisitos que ello supone. Se formó en Dachau, y en los años 20 ya participaba en los «talleres abiertos de dibujo» de Munich. Su carrera artística se vio interrumpida por su matrimonio y por la Segunda Guerra Mundial, pero la reanudó cuando sus hijos se hicieron mayores. En sus primeras exposiciones ya cosechó un éxito asombroso. Sin preocuparle el gusto predominante en las tendencias artísticas actuales, continúa exponiendo sus obras, como mínimo dos veces al año. Nunca pinta cosas tristes porque «ya abundan demasiado en este mundo».

Petra Ober

Petra Ober plantea un tema especial, el autorretrato, y todos los aspectos que hay que tener en cuenta cuando se aborda tan difícil tarea. Nacida en 1953 en Bad Reichenhall, estudió pintura y pedagogía artística en la Academia de Bellas Artes de Munich hasta 1979. En 1981 aprobó brillantemente su tesis en pedagogía artística. Más adelante, trabajó como asistente en Salzburgo y como directora artística en Neuburg, combinando su trabajo con sendas exposiciones personales, realizadas tanto en su país como en el extranjero.

El retrato ayer y hoy

Toda época histórica y actual tiene su propia imagen del ser humano. Sus cuadros y formas de expresión artística reflejan cómo se ve a sí mismo el hombre y cuál es el ideal de belleza predominante. Los parámetros estéticos siempre están condicionados por las normas sociales.

En pintura se diferencia entre dos tipos de representación del ser humano: el retrato y el desnudo. La representación humana ya ocupaba un lugar en las civilizaciones antiguas, aunque en un principio sólo fuera parte del culto religioso. Así, por ejemplo, los retratos de las momias ocupaban un lugar preferencial en el antiguo Egipto.

Según Durero, la misión de un retrato era la retención del aspecto físico de un hombre después de su muerte. Por razones similares, el desnudo sólo tenía lugar en un contexto religioso o simbólico. En la antigüedad clásica, el desnudo se libera de estas limitaciones, pero el cristianismo medieval volvió a censurar severamente la imagen del desnudo. Desde la prehistoria hasta entrado el siglo XIV, la representación humana es una mera reproducción estilizada, que responde a los cánones de belleza del momento. Para ello, se recurría a dibujos geométricos del cuerpo reunidos en colecciones de patrones impresos, ya que durante mucho tiempo estuvo prohibido el dibujo del natural.

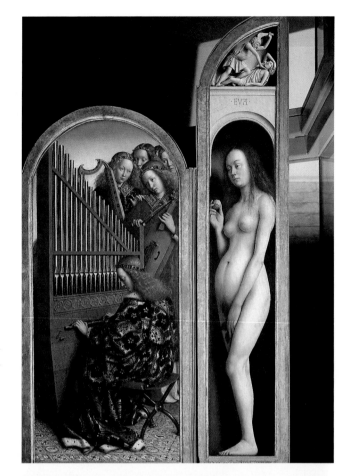

Jan van Eyck,
Eva (fragmento)

Tiziano, Venus de Urbino

A partir del siglo XV, los artistas toman la naturaleza como referencia. Paralelamente a esta evolución, se desarrolla una forma representativa que incluye cada vez más el componente psicológico. Uno de los primeros artistas que representaron la realidad de forma naturalista fue Jan van Eyck. Su regla de oro era pintar todo tal y como es en la realidad. También se le consideró el inventor de la pintura al óleo, pero hoy en día se ha demostrado que aún trabajaba con una técnica mixta. Tiziano, por otro lado, fue otro gran retratista y un pintor revolucionario. Ya no trabajaba, como Van Eyck, con veladuras, sino con capas de pintura espesa y medios tonos. Amplió la paleta en la gama de los colores secundarios e introdujo el gris óptico en la pintura. Más adelante Rembrandt, el famoso maestro del contraste del claroscuro, investigó a fondo la técnica empleada por Tiziano.

Berthe Morisot, La cuna

Rembrandt consiguió resaltar el carácter específico de cada una de las personas retratadas en su extensa producción de cuadros. Hacia el siglo XVII, se generalizó el uso de la pintura al óleo, en parte, gracias a la producción industrial de los tubos de pintura. La encontramos en los apuntes de ambiente cabaretero de Toulouse-Lautrec y en los retratos desdoblados en múltiples planos de los cubistas. Una de las pocas pintoras que consiguió hacerse un nombre junto a sus colegas masculinos fue Berthe Morisot. Representaba escenas de la vida cotidiana dotando a sus cuadros impresionistas de un delicado juego de luz y color. Picasso, en cambio, desintegró a los personajes en una abstracción de formas geométricas. No obstante, Picasso es precisamente el mejor ejemplo de la gran variedad de posibilidades que ofrece la representación humana en la técnica del óleo.

Arriba: Rembrandt, Autorretrato
Abajo: Pablo Picasso, Mosquetero y Amor

Materiales

A simple vista, puede parecer que los materiales necesarios para iniciarse en la pintura al óleo son muchos y muy variados, pero no es necesario comprar todo al principio. Basta con seleccionar un equipo básico, pero de buena calidad. El equipamiento mínimo consiste en algunos colores básicos, una gama de pinceles, una espátula y un cuchillo de pintor, aparte de la trementina para limpiar los pinceles y un aditivo o médium para diluir la pintura. Hará falta una paleta para mezclar los colores, pero en su lugar se puede usar una tabla de madera, papel, plástico o un vidrio. Algunos trapos o servilletas de papel le facilitarán la limpieza de los pinceles.

En las tiendas especializadas puede encontrar estuches de pintura con todo el material básico necesario, lo que es muy útil, pero suele resultar más caro que si se compran los materiales por separado. Además, debe analizar atentamente la selección de colores, ya que no siempre se pueden mezclar bien entre ellos (más información en págs. 12-13).

Si decide reunir el equipo usted mismo, bastará en un principio, con disponer de seis a diez colores (véanse págs. 12-13). En caso de que desee pintar muchos cuadros o cuadros de gran formato, también puede fabricarse los colores usted mismo mezclando pigmentos en polvo con aceite de linaza u otro similar según la siguiente receta: ponga un huevo en un recipiente y bátalo enérgicamente. Cuando la espuma que

resulta de batir descienda, marque el nivel por el lado exterior del recipiente, le servirá como unidad de medida. Añada entonces media medida de aceite de linaza y mezcle las sustancias durante 2 o 3 minutos. A continuación, añada a la mezcla media medida más de solución de trementina con resina de dammar (proporción 1:2) y mezcle a conciencia. La emulsión está a punto para usarla como médium aglutinante de los pigmentos. Antes de emplearla se suelen añadir dos o tres medidas más de agua. El aceite de linaza también se puede sustituir por una solución resinosa.

En un principio sólo necesitará tres o cuatro pinceles diferentes. Es aconsejable que sean de pelo de cerda o de marta. Los primeros son pinceles estables y duros, que se utilizan en todas las fases del proceso. Los de pelo de marta, en cambio, son más finos y delicados, idóneos para degradados y acabados con detalle. Límpielos siempre cuidadosamente para evitar que el pelo fino se

apelmace. Hay pinceles largos y cortos, de sección redonda y plana. La cerda larga provoca un trazo fluido y suave, la corta dibuja con mayor precisión. Para empezar, basta con disponer de un pincel largo redondo, uno plano y otro plano de cerda corta. Aparte de una espátula para mezclar, rascar y difuminar la pintura.

La trementina o el aguarrás para limpiar los pinceles y los diversos aditivos para diluir la pintura se comercializan en envases pequeños. Los aditivos suelen ser mezclas de resinas sintéticas, barnices secativos y agentes volátiles con diferentes velocidades de secado. Los de secado más lento sirven principalmente para diluir, los de secado medio tardan algunos días en secarse, mientras que con los secativos más rápidos se puede seguir trabajando al cabo de un par de horas. Elija el médium en función de su manera de pintar y, por supuesto, de su paciencia. Puede verter la trementina y los aditivos en cualquier recipiente, pero existen unas cazoletas pequeñas diseñadas para es-

tar sujetas a la paleta. No permita que la pintura se seque en el pincel, póngalo siempre en remojo. Aunque ésta tarde en secarse, el pelo del pincel se endurece. Encontrará un limpiapinceles diseñado especialmente para este fin (en la foto, a la izquierda del caballete). Basta con verter un poco de trementina o agua en el fondo para que se mantengan húmedos, aunque hagamos pausas largas. Para limpiar los pinceles, existen detergentes especiales, pero la trementina o el jabón también sirven. En este caso, enjabone el pincel con agua tibia frotando contra la palma de su mano y enjuáguelo después con abundante agua.

Podrá encontrar lienzos preparados con una imprimación en todas las medidas, por tanto, sólo vale la pena prepararse una tela en casa cuando se trabaja en formatos poco comunes. Los blocs para pintura resultan muy prácticos, pues son fáciles de transportar y las obras quedan protegidas por la cubierta (véanse págs. 10-11).

Para plantear el dibujo sobre el lienzo me gusta utilizar barras de pintura al óleo, otros artistas prefieren usar car-

boncillo o lápiz. Cualquier sitio en el que pueda colocar todo el equipo es válido para pintar, sólo le queda por decidir si prefiere poner el lienzo plano sobre la mesa o apoyarlo verticalmente. Si éste es su caso, encontrará caballetes de todas las medidas, desde los pequeños de mesa hasta los grandes y más sólidos. Incluso los hay plegables, muy fáciles de transportar. Compare los diferentes modelos de caballete en la tienda y no dude en desplegarlos y en comprobar lo práctico que es cada uno, al fin y al cabo, debe asegurarse que lo maneja con comodidad. Por último, quisiera aconsejarle que se ponga una bata o un delantal, ya que es muy fácil mancharse, pero bastante difícil eliminar las manchas de la pintura al óleo.

Preparación
y manos a la obra

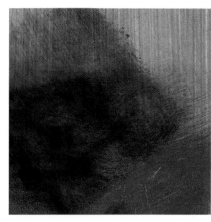

El fondo

La pintura al óleo requiere un soporte que no absorba el aceite de la pintura y que produzca, así, unas manchas de contorno feas e indeseadas. Pero tampoco tiene que usar siempre un lienzo; si se cumple esta condición, puede pintar sobre cualquier superficie que no sea excesivamente fina. Veamos algunos ejemplos: en la imagen de la izquierda, he pintado sobre un papel para acuarela tensado, con una imprimación blanca que conserva su textura original. Arriba, en cambio, puede observar el resultado de un cartón liso tratado con pintura muy diluida. Al pintar más capas, el color de la primera capa trasluce a través de los demás produciendo un interesante efecto cromático.

Tensado del lienzo

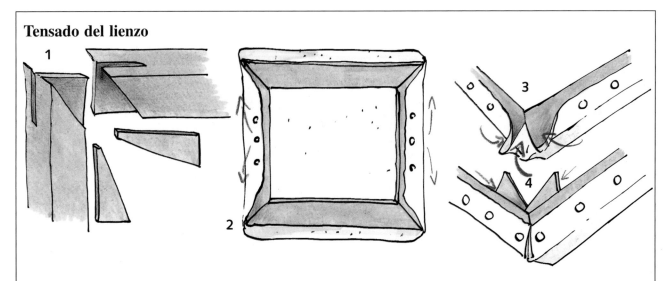

Montar uno mismo el lienzo sobre el bastidor requiere bastante esfuerzo. Para ello, puede comprar un lienzo con imprimación o utilizar tela de hilo o lino crudo y prepararla después. La más adecuada es la lona de algodón crudo. El marco de madera sobre el que se tensa el lienzo se llama bastidor de cuñas, pues la tensión de la tela montada se ajusta clavando unas cuñas en sus esquinas. Si no dispone de un taller de carpintería equipado para serrar y hacer ingletes en los listones con precisión, es mejor encargarlos junto con las cuñas en una tienda especializada en bricolaje o material artístico (1). Una vez haya ensamblado el bastidor, céntrelo sobre la tela de forma que sobresalgan unos 5 cm de ésta por cada lado. Verifique la posición correcta del bastidor: las aristas interiores, ligeramente redondeadas para no dejar marcas en el cuadro, deben estar en contacto con el reverso de la tela. Para tensarla, necesitará chinchetas o una pistola grapadora. El lienzo debe colocarse totalmente plano debajo del bastidor, con los hilos de la urdimbre paralelos al marco. Pliegue un lado de la tela por encima del marco y fíjela con tres chinchetas en medio del listón. Repita la operación en el lado opuesto y después en los otros dos (2). Continúe el tensado avanzando siempre desde el centro del listón hacia las esquinas y trabajando alternativamente los lados opuestos. Doble la tela en las esquinas de forma que el pliegue coincida exactamente con el ángulo del bastidor sobre el que se clava (3). Hay que tener en cuenta que el lienzo crudo encoge al secarse la imprimación, por lo que no debe tensarse demasiado o, de lo contrario, podría desgarrarse por las esquinas. Las cuñas se colocan en las hendiduras previstas para ello cuando la capa de imprimación está seca. Introduzca dos cuñas por cada esquina y, a continuación, clávelas cuidadosamente (4).

Si desea trabajar en formatos poco comunes, puede encargar los bastidores entelados a medida en las tiendas especializadas, tampoco resulta demasiado caro. En este caso, también puede imprimirlos luego en su taller. Para preparar lino crudo es aconsejable utilizar una imprimación prefabricada llamada gesso. Puede aplicar esta pintura blanca de forma espesa o diluida en función de la capacidad de absorción del soporte o del tipo de acabado, texturado o liso, que desee conseguir.

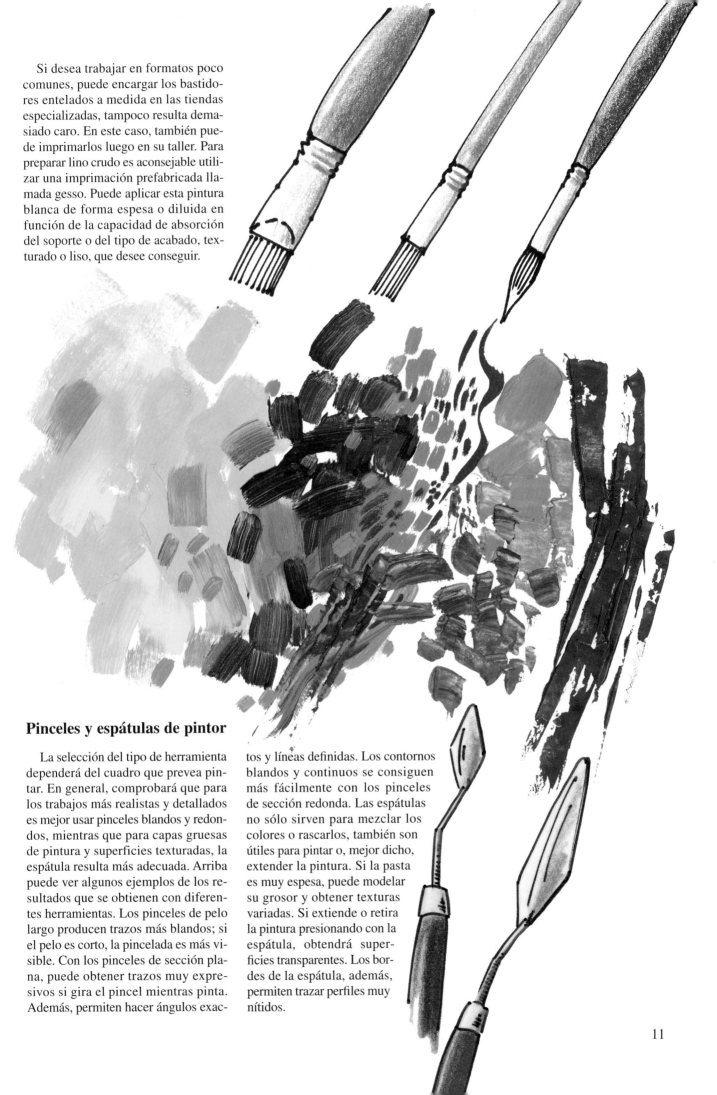

Pinceles y espátulas de pintor

La selección del tipo de herramienta dependerá del cuadro que prevea pintar. En general, comprobará que para los trabajos más realistas y detallados es mejor usar pinceles blandos y redondos, mientras que para capas gruesas de pintura y superficies texturadas, la espátula resulta más adecuada. Arriba puede ver algunos ejemplos de los resultados que se obtienen con diferentes herramientas. Los pinceles de pelo largo producen trazos más blandos; si el pelo es corto, la pincelada es más visible. Con los pinceles de sección plana, puede obtener trazos muy expresivos si gira el pincel mientras pinta. Además, permiten hacer ángulos exactos y líneas definidas. Los contornos blandos y continuos se consiguen más fácilmente con los pinceles de sección redonda. Las espátulas no sólo sirven para mezclar los colores o rascarlos, también son útiles para pintar o, mejor dicho, extender la pintura. Si la pasta es muy espesa, puede modelar su grosor y obtener texturas variadas. Si extiende o retira la pintura presionando con la espátula, obtendrá superficies transparentes. Los bordes de la espátula, además, permiten trazar perfiles muy nítidos.

11

Mezcla de las pinturas al óleo

El dominio de la mezcla de colores es un factor esencial en la pintura al óleo. Para empezar, basta con tener una gama limitada de colores que se mezclen bien entre ellos. Los colores primarios, amarillo, rojo y azul son imprescindibles. Debería disponer de una versión cálida y otra fría de cada color primario. En el caso del amarillo, por ejemplo, de un amarillo cadmio y otro cadmio limón; en el del rojo, de un rojo cadmio y un carmín, y, por último, de un azul ultramar y otro cerúleo. Puede ampliar la gama básica con el color verde óxido de cromo, el marrón, el ocre y el magenta, aparte del blanco de titanio y el negro marfil. El negro debe utilizarse comedidamente pues ensucia mucho los colores, por eso no se ha incluido en la paleta reproducida abajo. Además, es fácil obtener el negro mezclando carmín, sombra y verde óxido de cromo, o bien combinando otros colores como azul ultramar y sombra. El blanco y el negro son colores necesarios, pero no deben ser los protagonistas de la paleta. Así, por ejemplo, cuando se abusa del blanco, el cuadro se agrisa y transmite cierta sensación de aburrimiento.

Conseguir la mezcla idónea del color de la piel también requiere destreza, pues puede resultar demasiado rojizo o sucio. En los ejemplos, encontrará algunas soluciones al respecto.

El color de la piel no existe como tal, pues, como todo color, depende de las condiciones de iluminación y está sujeto a los colores del entorno.

Sombra tostada

Naranja cadmio

Blanco de titanio

Ocre cadmio claro

Amarillo cadmio limón

Amarillo cadmio

Rojo cadmio

Rojo carmín

Azul cerúleo

Ocre transparente

Tierra de Siena tostada

Azul ultramar

Verde oliva

Verde óxido de cromo

Magenta

Este degradado se ha conseguido mezclando tan sólo tres colores: rojo cadmio, amarillo cadmio limón y blanco. Pruebe a hacer el mismo ejercicio con dos colores diferentes y blanco.

Rojo cadmio

Blanco

Amarillo cadmio limón

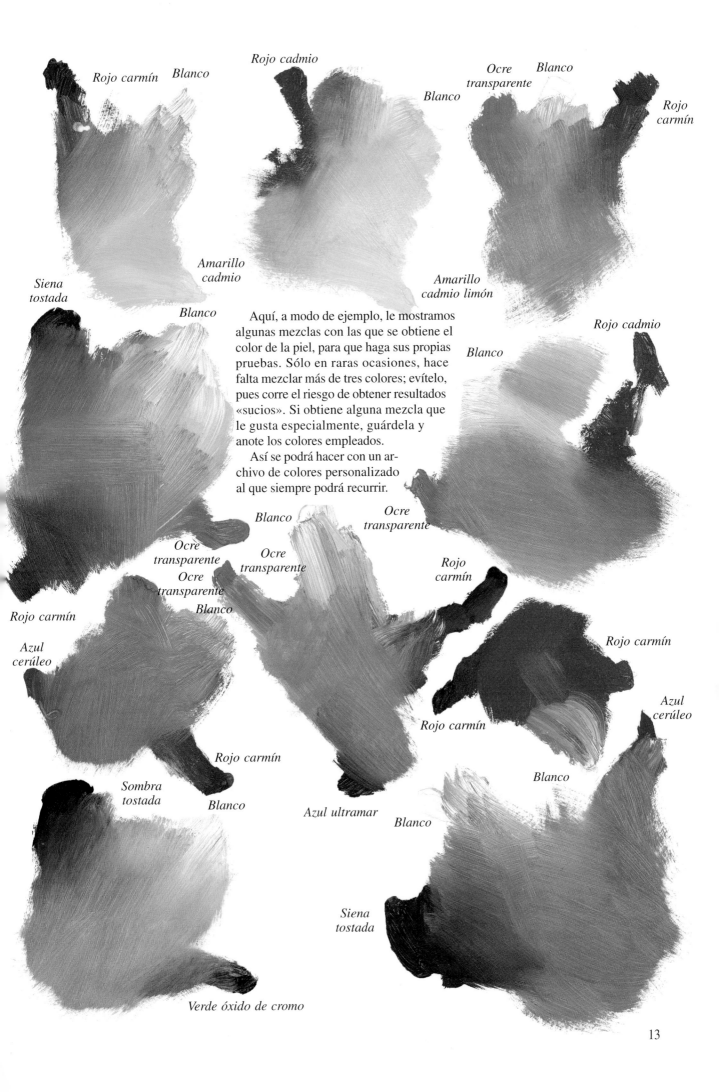

Rojo carmín   *Blanco*

Rojo cadmio

Ocre
transparente   *Blanco*

Rojo
carmín

Amarillo
cadmio

Siena
tostada

Blanco

Aquí, a modo de ejemplo, le mostramos algunas mezclas con las que se obtiene el color de la piel, para que haga sus propias pruebas. Sólo en raras ocasiones, hace falta mezclar más de tres colores; evítelo, pues corre el riesgo de obtener resultados «sucios». Si obtiene alguna mezcla que le gusta especialmente, guárdela y anote los colores empleados.

Así se podrá hacer con un archivo de colores personalizado al que siempre podrá recurrir.

Amarillo
cadmio limón

Rojo cadmio

Blanco

Ocre
transparente

Blanco

Ocre
transparente

Ocre
transparente

Ocre
transparente

Blanco

Rojo
carmín

Rojo carmín

Rojo carmín

Azul
cerúleo

Rojo carmín

Azul
cerúleo

Rojo carmín

Blanco

Sombra
tostada

Blanco

Azul ultramar

Blanco

Blanco

Siena
tostada

Verde óxido de cromo

13

Técnicas
de la pintura al óleo

Espátulas

Con ellas se consigue una gama de acabados característicos, que abarca desde los trazos anchos y vigorosos (arriba) hasta las superficies delicadamente texturadas (a la izquierda, junto al respaldo de la silla). Puede conseguir efectos insólitos girando la espátula mientras aplica la pintura, pero, sobre todo, con la experimentación, logrará descubrir la riqueza de esta herramienta.

Veladuras

La veladura es una capa de pintura tan diluida que deja entrever el fondo, tanto si se trata del lienzo como si es una capa de color. Para lograr este efecto, hay que diluir la pintura con médium y asegurarse que las capas anteriores están completamente secas, para evitar que el color subyacente se mezcle con el superpuesto (arriba, en el respaldo de la silla).

Las técnicas de la pintura al óleo son muy variadas, y, en definitiva, es un campo en el resultado final. Si es de su agrado, justifica todos los medios. Aun así, debería dominar algunas de las técnicas básicas. En general, se puede decir que los pinceles permiten trabajar con más detalle que las espátulas, ya que facilitan mezclar mejor el color y aplicarlo con mayor precisión. La pintura diluida seca rápido, en cambio, la pintura al óleo sin diluir puede tardar semanas en secarse, o incluso meses, según el grosor de la capa aplicada. En el cuadro del ejemplo se han combinado algunas de las técnicas que explicamos a continuación.

Húmedo sobre húmedo

Esta técnica consiste en la mezcla de los colores sobre el lienzo, pero, a diferencia de la pintura a la acuarela, los colores no se corren al azar. Se integran y difuminan a voluntad, como puede comprobar en la parte del cabello del retrato.

Pintura sobre fondo seco

Cuando se pinta con pintura espesa sobre fondo seco, se excluye cualquier posibilidad de mezcla de los colores sobre el lienzo (abajo). Sin embargo, la yuxtaposición de algunos colores también puede producir el efecto visual de un nuevo color. El puntillismo se basa en esta técnica, también llamada de mezcla óptica, dado que es el ojo humano el que interpreta el conjunto de muchos puntos de diferente color como un tono diferente. Otra aplicación de la técnica consiste en pintar con un pincel seco sobre fondo seco, lo que produce trazos y texturas muy interesantes.

La gradación

Las gradaciones de claro a oscuro se pueden hacer con diferentes acabados texturados o lisos. A la derecha, puede ver un degradado uniforme. El de arriba, que va del amarillo al ocre, está hecho con espátula. Para conseguirlo, basta con extender un color de un lado a otro e ir añadiendo, progresivamente, más cantidad del segundo color a la mezcla.

Empaste

En esta técnica se aplican capas gruesas de pintura para crear una superficie áspera apreciable al tacto. Puede utilizar un pincel o una espátula. Para obtener el acabado característico del empaste, hay que pintar con movimientos cortos, rápidos y decididos, pues provocan más irregularidades y pequeños relieves en la pintura. Cuando ésta contiene demasiado aceite, no mantiene la forma de la pincelada. Por tanto, ahí va un consejo: extienda la pintura sobre un papel secante para que absorba parte de su aceite y recupérela cuando esté más densa.

Efecto y expresividad de los colores

En pintura no sólo se transmite información a través de la imagen y de la técnica, los colores expresan otras muchas cosas. Muchos tests psicológicos han demostrado que todos reaccionamos emocionalmente ante el efecto del color. Puede ponernos de buen humor o melancólicos, puede provocar tanto atracción como rechazo. Aunque se trate de sensaciones subjetivas, algunas de estas reacciones son generalizables, por ejemplo, la percepción de colores por tonos fríos y cálidos. Percibimos como cálidos aquellos en los que predomina su componente rojo, mientras que los

Arriba, tonos cálidos: azul ultramar, rojo cadmio y amarillo cadmio

Abajo, tonos fríos: azul cerúleo, amarillo cadmio limón y magenta

tonos más azulados evocan el frío. Lógicamente, también existe un rojo frío, si la mezcla contiene el suficiente azul, y un azul cálido, si cuenta con su correspondiente tonalidad rojiza.

Compare estos dos retratos: el de arriba fue pintado con tonos cálidos, el otro, con fríos. Independientemente del grado de simpatía que nos puede provocar el rostro, percibimos la imagen superior más cálida y cercana que la inferior. Luego, inconscientemente, interpretamos el carácter de la persona retratada guiados por esta sensación. En consecuencia, la chica rubia del ejemplo parece más inaccesible que el joven pintado en tonos cálidos.

No es imprescindible que los tonos de la piel sean siempre fieles a la realidad. Es preferible poner un tono poco usual pero que combine bien con el resto, que un rosado de los que parecen de mazapán. Aquí, tiene algunos ejemplos de cómo resulta muy efectivo incluir el color del fondo en el rostro. El tono amarronado del fondo de arriba es una buena base para una cara redonda que emana tranquilidad.

Un fondo negro aumenta la luminosidad de los colores. En la imagen de la derecha sólo se han puesto los acentos en las luces, manteniendo el negro como elemento expresivo. En la de abajo, en cambio, el negro sólo hace la función de soporte sobre el cual predominan los colores vivos, que acentúan el cromatismo del rostro abocetado.

El dibujo es necesario

En la pintura paisajística se puede improvisar más o menos, pero cuando se trata de un ser humano, hay que mantener ciertas proporciones o se corre el riesgo de que la figura no resulte creíble o «se caiga». Por tanto, es imprescindible conocer bien la estructura del cuerpo y las relaciones entre sus partes.

Respecto a las proporciones generales, se suele partir de un cuerpo ideal, aunque existan, por supuesto, figuras muy diferentes. Según este prototipo, se divide un cuerpo adulto en siete u ocho partes; la cabeza equivale a una octava parte del total, es decir, cabe ocho veces en la altura del cuerpo. Con los brazos estirados abiertos hacia los lados, la distancia entre las puntas de los dedos se corresponde, aproximadamente, a la altura desde los pies a la cabeza. Está claro que el dibujo del natural es un ejercicio óptimo, pero quien no tenga ocasión de practicarlo, puede usar una figurita articulada, que encontrará en tiendas especializadas. Estos modelos de madera se construyen a partir de las proporciones del cuerpo humano (abajo).

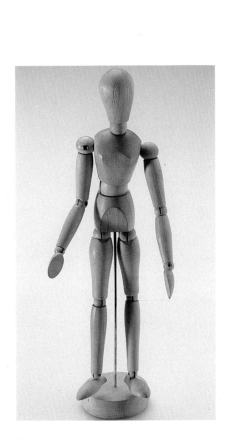

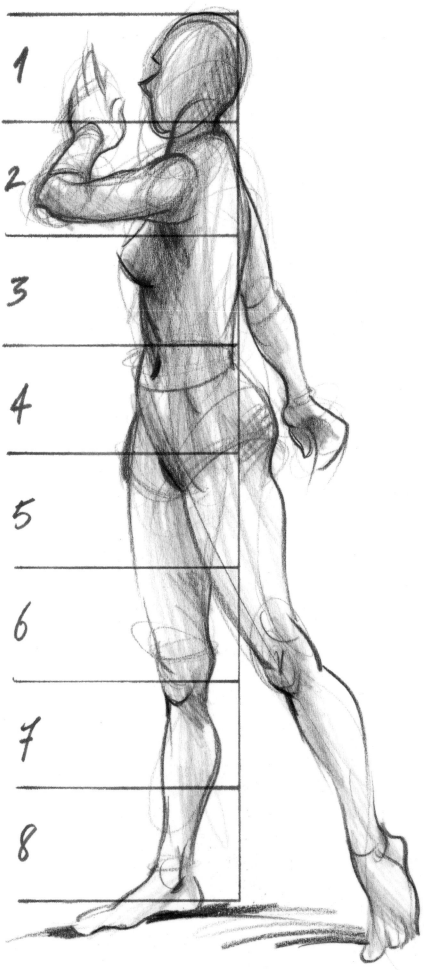

También existen ciertas reglas de oro referentes a las proporciones de la cabeza, pero no olvide que se trata de generalizaciones que se pueden obviar en cuanto se dominan las bases del dibujo. Una cabeza de perfil se inscribe en un cuadrado. El peinado no está incluido, pues su forma es variable. La frente ocupa aproximadamente una tercera parte del rostro, la nariz se corresponde con el segundo tercio y la parte de la boca con el tercero. Veamos otras líneas imaginarias de ayuda: la parte superior de las orejas está a la altura de las cejas, la inferior se alinea con los orificios nasales. La distancia entre los ojos es el espacio que ocuparía un tercer ojo, y la boca se encuentra en medio de la distancia entre la nariz y la barbilla. Las manos se pintan casi siempre demasiado pequeñas. También existe una regla de oro para este caso: la mano suele ser tan larga como la cara, es decir, la cubre desde la barbilla hasta el nacimiento del cabello (puede comprobarlo abajo, en el boceto de San Juan de Andrea del Sarto). Hay que cuidar especialmente las proporciones entre rostro y manos en los retratos de medio cuerpo que se apoyan sobre los brazos o las manos.

La cabeza. La expresión de la cara en un retrato es importantísima, pues permite expresar alegría, dolor u otros sentimientos. Observe con detenimiento diversos rostros, sus cambios de actitud y sus movimientos. Enseguida constatará que ciertas formas se repiten constantemente: los rostros redondos, estrechos, anchos o angulosos. Por lo general, los rostros femeninos suelen ser más redondos, los masculinos más angulosos (arriba). Pero todos se pueden simplificar en una forma ovalada. Si se parte de un óvalo es más fácil situar los rasgos faciales más característicos. En un principio, es útil dibujar todas las líneas que ayudan a representar las proporciones y la plasticidad de la cabeza (derecha). Con cada giro, por mínimo que sea, cambia la posición de la nariz. Imagine que se trata de una cuña triangular y adapte los cambios de perspectiva en consecuencia (abajo, a la derecha).

La boca. El error más común a la hora de dibujar la boca es subrayar en exceso el contorno de los labios. Si se fija en una boca cerrada en posición natural, descubrirá que la línea más oscura está donde se unen los labios, porque el labio superior hace sombra (abajo, a la izquierda). Naturalmente, la forma de los labios cambia con cada movimiento, pero la sombra bajo el labio superior siempre se mantiene en su sitio. La boca de perfil suele seguir una línea inclinada desde arriba hacia el cuerpo (abajo, en el centro), que debe mantenerse cuando se construyen perfiles. Pero, sobre todo, no olvide que la cabeza es redonda y, por tanto, la forma de la boca se adapta a esta curvatura (más abajo, en el centro).

La nariz. En muchos retratos, ésta es la parte que mejor caracteriza el rostro, lo que permite exagerar un poco su forma, sin que por ello se convierta el cuadro en una caricatura. Las exageraciones comedidas suelen acentuar el parecido. Observe con detenimiento la nariz y acentúe sus rasgos más típicos o particulares.

De frente, el iris es redondo, pero se convierte en una elipse en cuanto se gira la cabeza. Además, el reflejo de luz que tiene la pupila es lo que ilumina y define la expresión del ojo. Sin este reflejo, la mirada parece muerta e inexpresiva.

Los apuntes siempre son de gran ayuda para entender y representar mejor las formas. Parta siempre del conjunto y sintetícelo, no se deje distraer por las formas caprichosas que puede adoptar un rostro ni por el efecto del maquillaje. La base más sólida e importante de la representación del cuerpo humano es la observación y el dibujo.

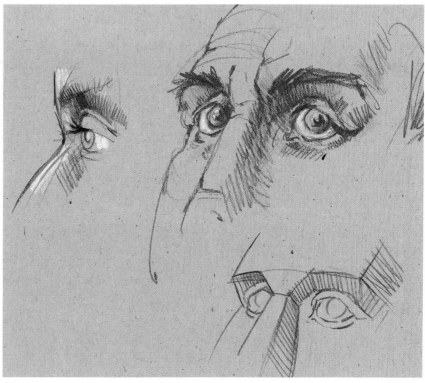

Luces y sombras

Si es aficionado a la fotografía, sabrá lo fastidiosa que puede llegar a ser la luz difusa bajo la cual los objetos parecen planos y apagados. Una fuente de luz clara y las sombras que ésta provoca definen la plasticidad de un objeto, una cara o una figura. Para entender el efecto de las luces y de las sombras, puede experimentar con el siguiente ejercicio: elija un objeto sencillo y expóngalo a diferentes condiciones de luz, es decir, ilumínelo por arriba, por la izquierda, por la derecha, etc. Observe atentamente las transformaciones que provocan los cambios de luz. Si su modelo es un cuerpo humano, comprobará que su posición respecto a la luz juega un papel primordial. Como recogen las expresiones populares, no es lo mismo una persona iluminada que un personaje sombrío.

Las flechas rojas le indican la dirección de incidencia de la luz. Puede comprobar cómo el óvalo adquiere volumen gracias al sombreado. Cuando se trata de un rostro ocurre lo mismo, sólo hay que comprobar que cada protuberancia mantenga su propia sombra, por pequeña que sea. La intensidad de las sombras y su colorido son decisiones muy personales. Las sombras extremadas pueden sumergir gran parte del rostro en la penumbra, un sombreado suave se limita a modelar las formas. En el ejemplo de arriba, el lado izquierdo de la cara se pierde en la sombra a partir del ojo. En el dibujo de la derecha, de Giovanni Greco, la mitad derecha del rostro desaparece por la intensidad de la luz.

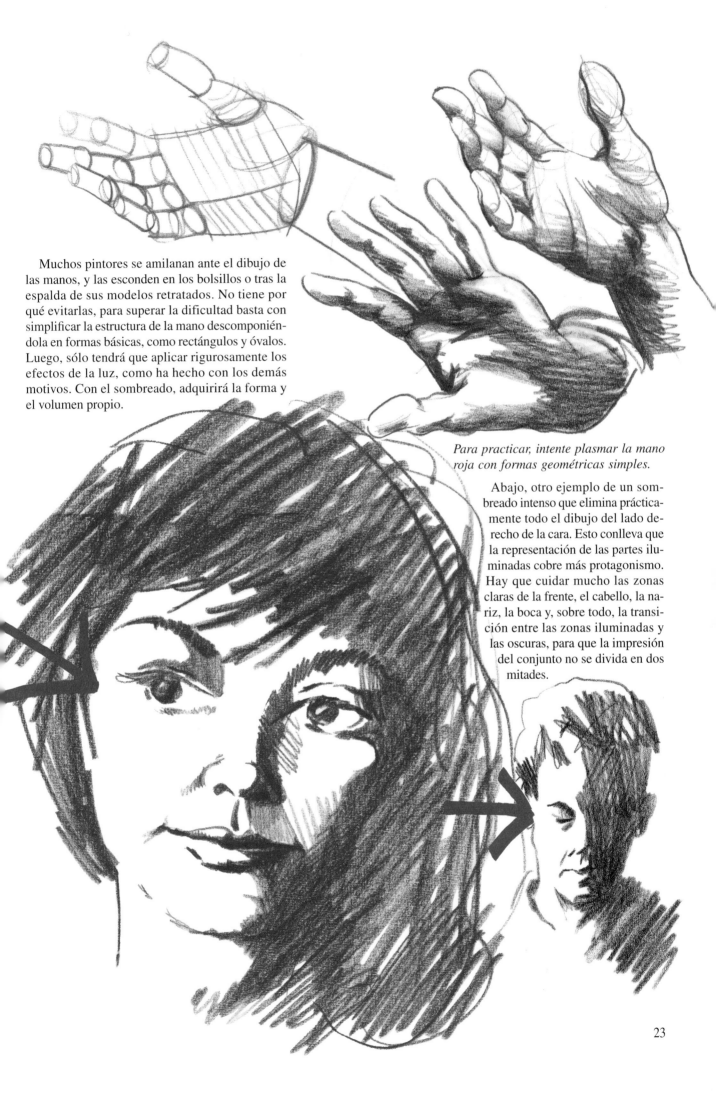

Muchos pintores se amilanan ante el dibujo de las manos, y las esconden en los bolsillos o tras la espalda de sus modelos retratados. No tiene por qué evitarlas, para superar la dificultad basta con simplificar la estructura de la mano descomponiéndola en formas básicas, como rectángulos y óvalos. Luego, sólo tendrá que aplicar rigurosamente los efectos de la luz, como ha hecho con los demás motivos. Con el sombreado, adquirirá la forma y el volumen propio.

Para practicar, intente plasmar la mano roja con formas geométricas simples.

Abajo, otro ejemplo de un sombreado intenso que elimina prácticamente todo el dibujo del lado derecho de la cara. Esto conlleva que la representación de las partes iluminadas cobre más protagonismo. Hay que cuidar mucho las zonas claras de la frente, el cabello, la nariz, la boca y, sobre todo, la transición entre las zonas iluminadas y las oscuras, para que la impresión del conjunto no se divida en dos mitades.

23

Aplicación de las técnicas en la imagen

Cuando se trata de representar un cuerpo con pinturas al óleo, hay que seguir las mismas reglas que en el dibujo. Las sombras dibujan la forma del cuerpo modificando su color por zonas. Los colores exactos que surgen, según el color de la piel y el entorno, cada uno debe descubrirlos por sí mismo (consulte las mezclas de las págs. 12-13).

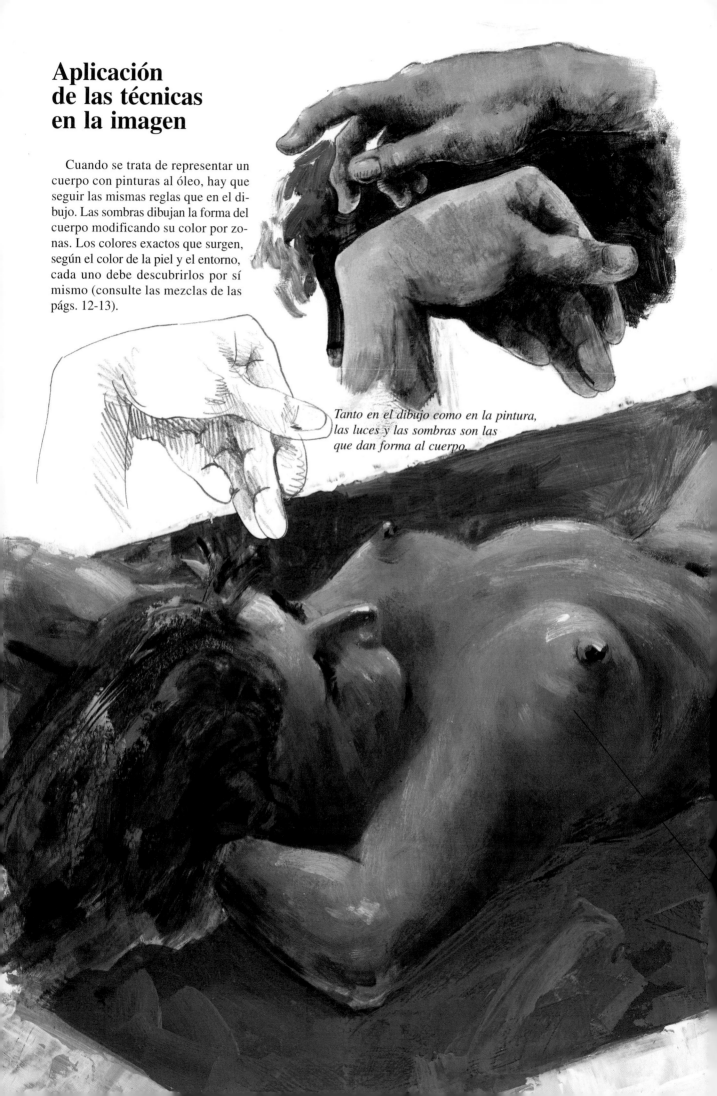

Tanto en el dibujo como en la pintura, las luces y las sombras son las que dan forma al cuerpo.

Cuando se modela un cuerpo es importante observar su forma, valorar y diferenciar las zonas claras y las oscuras. Observe las dos manos del ejemplo; independientemente del colorido, el juego de luces y sombras ya da bastante sensación de volumen. De la misma forma, debe tenerse en cuenta la distribución del claroscuro en la aplicación del color. En este ejemplo concreto se partió de una primera aplicación de los colores principales del motivo para luego diferenciar las partes más iluminadas del cuerpo de las oscuras.

Personalmente, prefiero trabajar a partir de los tonos oscuros hacia los claros, por tanto, mis primeras capas de pintura son de tonos oscuros. El color definitivo de la piel se consigue mediante la superposición de capas de colores diferentes. Los reflejos de luz, los llamados *highlights*, son las pinceladas más claras que acentúan la plasticidad, y se ponen al final.

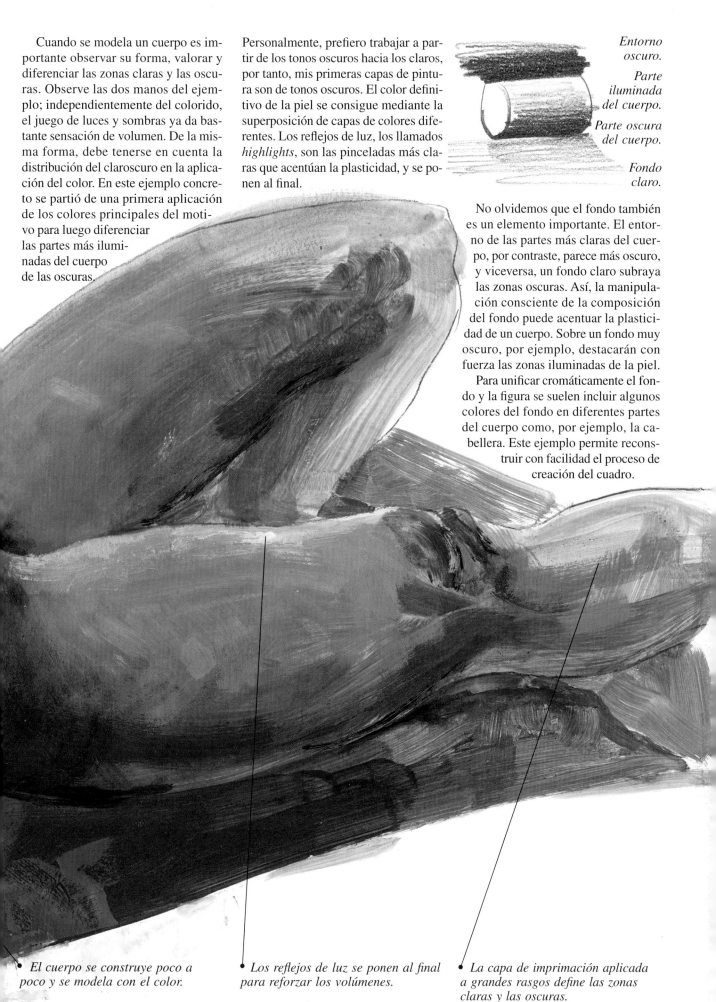

Entorno oscuro.

Parte iluminada del cuerpo.

Parte oscura del cuerpo.

Fondo claro.

No olvidemos que el fondo también es un elemento importante. El entorno de las partes más claras del cuerpo, por contraste, parece más oscuro, y viceversa, un fondo claro subraya las zonas oscuras. Así, la manipulación consciente de la composición del fondo puede acentuar la plasticidad de un cuerpo. Sobre un fondo muy oscuro, por ejemplo, destacarán con fuerza las zonas iluminadas de la piel.

Para unificar cromáticamente el fondo y la figura se suelen incluir algunos colores del fondo en diferentes partes del cuerpo como, por ejemplo, la cabellera. Este ejemplo permite reconstruir con facilidad el proceso de creación del cuadro.

• *El cuerpo se construye poco a poco y se modela con el color.*

• *Los reflejos de luz se ponen al final para reforzar los volúmenes.*

• *La capa de imprimación aplicada a grandes rasgos define las zonas claras y las oscuras.*

25

La composición

Qué ve en la imagen de la derecha? ¿Una copa o dos perfiles? Puede ser tanto una cosa como la otra, pero, sobre todo, es un buen ejemplo para demostrar que todas las superficies de un cuadro tienen el mismo valor. Es nuestra mirada la que está acostumbrada a ver primero el objeto y luego prestarle atención a su entorno. Sin embargo, las llamadas superficies negativas, las que se encuentran entre los objetos o entre éstos y el marco del cuadro, son igual o incluso más importantes que el propio objeto. A la izquierda, puede ver una cabeza tal y como estamos habituados a percibirla. Pero también es interesante si se marca la otra forma, la negativa, como se ha hecho en la imagen de la derecha. La cabeza se ve como un agujero, la superficie negativa predomina. Las formas que rodean el objeto pueden oprimirlo cuando son muy grandes y acentuarlo cuando se supeditan a él.

Intuitivamente, algunas composiciones nos resultan agradables, mientras que percibimos otras como molestas,

aunque no sepamos definir la causa. Estas sensaciones, como la percepción del color, son subjetivas, y provocan diferentes reacciones en cada persona. No obstante, se pueden formular algunas reglas generales. Los cuadros de composición simétrica en la que los objetos tienen tamaños parecidos resultan aburridos. Las composiciones poco comunes, con variaciones de proporción y contraste, transmiten vida y movimiento. Incluso puede darse el caso extremo en que una imagen nos parezca agresiva por el simple hecho de estar recortada por el marco.

Se puede satisfacer la inclinación natural hacia la armonía, un sentimiento positivo y universal, sin que por ello se caiga en la monotonía. Si aún se siente inseguro en la composición, planifique una distribución básica del cuadro antes de empezar. Divida la superficie total en seis partes, tres verticales divididas por una línea horizontal (este sistema no sólo es válido para este formato cuadrado). Si pone el peso principal de la imagen en uno de los puntos de intersección, obtendrá inmediatamente un equilibrio compositivo armónico y, a la vez, interesante.

Un retrato o una figura deben situarse adecuadamente en el espacio compositivo. Al principio, con la concentración que requiere el ajuste de las proporciones uno se suele olvidar del espacio circundante y acaba, por ejemplo, cortando los pies por falta de espacio. Planifique cuidadosamente la composición. Aquí tiene algunos ejemplos: la chica del cuadro de arriba está centrada y aparece entera en el encuadre, muy equilibrado. No es ni demasiado grande, ni demasiado pequeña, ni se encuentra típicamente centrada en medio, ni exageradamente apartada a un lado.

Ahora, a modo de comparación, algunos ejemplos que pueden sorprender, para bien o para mal, al espectador. Recuerde que sólo se trata de casos muy generalizados, de hecho, nunca se puede afirmar categóricamente que un tipo de composición sea el correcto y los demás estén mal. Un artista puede tener razones de peso para situar una cabeza junto al margen inferior o cortarla por arriba. Sin embargo, la cabeza recortada de arriba nos parece una solución torpe, pues el tema principal es el rostro y no el vestido, que ahora es el centro de atención.

En este caso, también percibimos que algo falla. La gran superficie vacía supone un derroche innecesario cuando la cara es tan pequeña y la figura está centrada. Evidentemente, el planteamiento de la composición depende de las intenciones expresivas que se persigan, pero si se quiere representar bien la personalidad del protagonista, ésta no es la forma óptima. Si, en cambio, se desea expresar su soledad o desamparo, estaría justificada una superficie vacía. Aun así, el vacío de esta imagen probablemente sería demasiado pequeño.

Esta solución compositiva resulta poco satisfactoria. La chica parece desplazada, fuera de lugar, y como en el lado izquierdo no ocurre nada, no hay ningún motivo para que la figura esté tan estrechamente pegada al margen. Un buen ejercicio para adquirir práctica en la composición y distribución de superficies positivas y negativas es copiar la composición de, por ejemplo, un simple retrato fotográfico, puesto cabeza abajo. Al dibujar el motivo invertido, uno rompe con la costumbre de ver el motivo principal, y trabaja todas las superficies por igual.

Soluciones técnicas de los grandes pintores

Henri Matisse
1869-1954

Alrededor de 1905, un grupo de pintores parisinos llamados los «Fauves», es decir, los salvajes, se dedicaban a emplear el color de manera contraria a la que se había habituado tradicionalmente la mirada del espectador. Matisse era uno de ellos. El cuadro *Madame Matisse* también se conoce como *La línea verde,* pues es el color verde el que divide el rostro en una mitad rosada y otra amarilla. Esta línea es fundamental, sin ella se derrumbaría toda la composición. El verde subraya, además, la intensidad de la expresión facial. Matisse tenía gran interés por la escultura africana y le gustaba incluir el efecto estructural de la máscara en su obra. Observe la vivacidad del fondo, los colores que componen la tres zonas en que se divide reaparecen en el vestido, lo que refuerza la unidad cromática del conjunto de la imagen.

Henri Matisse,
Madame Matisse

Las zonas oscuras acentúan los rasgos del rostro, la línea verde lo divide en dos y los tonos rojizos relacionan y unifican el fondo con la figura en primer plano.

Una vez ampliada, la parte de la boca parece una forma casi abstracta, en la que el color verde también tiene un papel importante.

Pablo Picasso
1881-1973

El pintor español Pablo Picasso era, probablemente, el artista más experimentador de su tiempo. Investigaba tanto con la forma y su abstracción como con técnicas y materiales diversos. El *Retrato de mujer joven* (Versión XIII) es una buena muestra de ello. El cuadro reproducido aquí es una copia que he realizado para probar otra manera de pensar y proceder al pintar. Cuando se copia una obra de otro artista se suele descubrir que existen muchas más formas de trabajar con los materiales comunes de lo que uno se podía imaginar. Es un buen sistema para analizar la obra de los grandes pintores. Si exceptuamos el amarillo del fondo, los colores que predominan en el cuadro son fríos. El amarillo, que asoma entre los brochazos de una gruesa capa de pintura blanca, se encuentra también en el labio y la punta de la nariz. A pesar del grado de abstracción, se mantiene la expresión de la cara de la joven.

Brian Bagnall,
según el
«Retrato de
mujer joven»
de Picasso
(Versión XIII)

Picasso, como Matisse, era un admirador entusiasta de la escultura africana. Las formas estructurales simples le influyeron en muchas obras. Probablemente, también haya cierta influencia del arte egipcio en la forma de pintar este cuadro. Tanto el perfil estático de la joven como el cuerpo, muy simplificado, recuerdan la posición clásica de las mujeres egipcias. Además, es interesante cómo se ha conseguido el efecto de movimiento en el fondo, a pesar de la gruesa capa de blanco, gracias a la presencia minimizada del amarillo. El soporte que empleé para pintar no era tan duro como el que usó Picasso, por ello las líneas rascadas aparecen demasiado anchas. A la derecha, puede comprobar la forma en que se han rayado las líneas del cabello, como un grabado, en la pintura fresca.

John Singer Sargent
1856-1925

Este artista, nacido en Florencia, sentía admiración por Monet. Durante sus estudios en París conoció a Renoir, Degas y Pissarro.

Con su dedicación absoluta a la pintura, cosechó gran éxito como retratista de la sociedad anglosajona al trasladar su residencia a Londres.

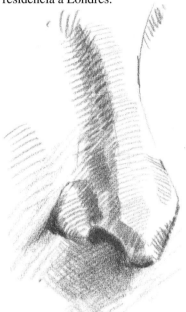

En el retrato *Vernon Lee* (1881, 54 × 53,4 cm), pintado con soltura y rapidez, se puede observar cómo las luces y las sombras configuran el rostro. La parte de la nariz debe su volumen a una sombra muy remarcada.

John Singer Sargent, Vernon Lee

Sargent era famoso por su tratamiento sensible del contorno de las formas. Entre el hombro y la pared del fondo hay una suave gradación. En el fragmento ampliado se observa la combinación de los contornos nítidos con los degradados progresivos. Pintó el cuadro en la técnica de húmedo sobre húmedo. A veces retiraba el color rascando con la espátula para luego volver a pintar encima.

En cierta ocasión, Lady Speyers, que le hacía de modelo, le dijo después de que Sargent rascase por doceava vez el rostro retratado: «Señor Sargent, no para de quitarme la cabeza y volvérmela a poner exactamente igual cada vez».

August Macke,
Jóvenes en la arboleda

El elemento más característico de los cuadros de August Macke son los colores luminosos con los que representa a las personas en todo tipo de situaciones. Tenía una gran amistad con Franz Marc, y perteneció al grupo expresionista «Der Blaue Reiter», el jinete azul.

Aunque las figuras se hayan convertido en formas simplificadas, la impresión del conjunto del cuadro no es abstracta, se reconoce sobradamente que se trata de chicas. Sin embargo, si se observan algunas partes por separado, únicamente se podrán identificar como composiciones de formas de color. Las partes más claras nos transmiten la sensación de estar bajo un cálido sol y las diagonales apuntadas generan dinamismo y vida.

En la copia de la izquierda he pintado sobre un fondo oscuro, para demostrar cómo se avivan los colores por el efecto de contraste claroscuro. Si tiene ganas, haga la prueba copiando un fragmento del cuadro. Elija un recuadro que le guste especialmente dentro del cuadro e intente resolverlo a la manera de Macke. No sólo le servirá para descubrir la técnica pictórica del artista, sino también nuevas mezclas de colores y una distribución diferente de la luz y la composición.

Bocetos

Como ya hemos podido comprobar, en la representación de la figura humana el dibujo es primordial, cosa que resulta algo inquietante para los que sólo desean pintar. Aun así, hacer bocetos, observar con ayuda del lápiz y plasmar los recuerdos de forma tan personalizada puede ser muy gratificante. Intente tomar apuntes siempre que tenga ocasión. Puede hacerlo en una cafetería, en la calle o en cualquier sitio donde haya gente. Cada persona tiene una forma diferente de caminar, de sentarse, de apoyarse en la barra de un bar e incluso de esperar de pie. Acostúmbrese a llevar siempre encima un pequeño bloc de notas para «anotar» posiciones y gestos, un rostro interesante o una vestimenta curiosa. De esta manera, se hará con un maravilloso archivo personalizado de imágenes, al que podrá recurrir cuando le falte un modelo del natural. También puede recopilar imágenes y recuerdos en las vacaciones, desde fachadas arquitectónicas a plantas. Sea cual sea el objeto de observación, el boceto le facilitará la representación de la naturaleza sobre el papel.

Bocetos realizados a lápiz y pastel en la piscina. Puesto que se trataba de captar las expresiones con cierta agilidad, a veces se superponen varias figuras en el mismo papel.

32

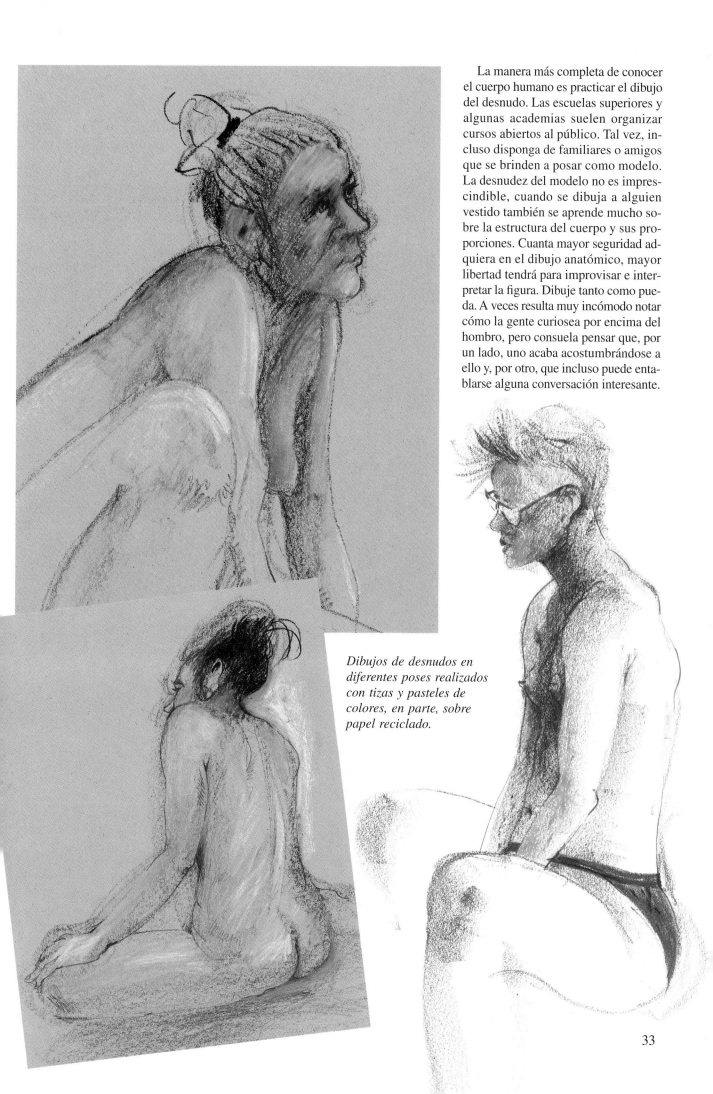

La manera más completa de conocer el cuerpo humano es practicar el dibujo del desnudo. Las escuelas superiores y algunas academias suelen organizar cursos abiertos al público. Tal vez, incluso disponga de familiares o amigos que se brinden a posar como modelo. La desnudez del modelo no es imprescindible, cuando se dibuja a alguien vestido también se aprende mucho sobre la estructura del cuerpo y sus proporciones. Cuanta mayor seguridad adquiera en el dibujo anatómico, mayor libertad tendrá para improvisar e interpretar la figura. Dibuje tanto como pueda. A veces resulta muy incómodo notar cómo la gente curiosea por encima del hombro, pero consuela pensar que, por un lado, uno acaba acostumbrándose a ello y, por otro, que incluso puede entablarse alguna conversación interesante.

Dibujos de desnudos en diferentes poses realizados con tizas y pasteles de colores, en parte, sobre papel reciclado.

33

Un autorretrato

Petra Ober

El único modelo que está siempre disponible y que no perderá la paciencia mientras pose es uno mismo. En el autorretrato puede variar la escenificación, mostrarse cómo se ve a sí mismo o transformarse al tiempo que avanza el cuadro. Personalmente, cuando hago un autorretrato, trabajo con mayor intensidad que cuando pinto a otro modelo.

Ante todo es primordial definir el encuadre. Debo decidir si me basta con representar el rostro o prefiero pintar una vista más general de medio cuerpo que incluya las manos. Pintar bien las manos es un reto en sí mismo, pues es fácil que no parezcan reales y se conviertan en un estorbo dentro de la imagen. Además, aunque puedo mantener una mano quieta, es difícil captar una posición de la mano que trabaja.

Es necesario hacer algunos bocetos preparatorios para captar con el lápiz los rasgos principales de la cara, el peinado y sus proporciones. Esta fase preparatoria ayuda a clarificar cómo deberá ser el cuadro, por lo que no importa tanto la calidad del apunte como la ayuda que supone para tomar decisiones respecto al futuro cuadro. Los valores de grises también sirven para captar las luces y las sombras al detalle y poner acentos.

Colores empleados

Amarillo cromo claro, amarillo de zinc, amarillo indio, amarillo de Nápoles rojizo, rojo cinabrio, rojo Burdeos, rojo inglés claro, tierra verde tostada, ocre carne, sombra natural, sombra verdosa, tierra de Kassel, verde óxido de cromo oscuro, azul celeste claro, azul ultramar oscuro, negro marfil y blanco de titanio.

Me he decidido por un retrato de tres cuartos de perfil. Como formato, opto por uno pequeño, rectangular y vertical de 35 × 40 cm. Como soporte, utilizo muselina en crudo. Una vez he distribuido las proporciones del espacio, defino la atmósfera que predominará en el cuadro mediante zonas de color, pero sin entrar en detalles. Para ello utilizo pinceles sintéticos de sección plana (n.ºs 16, 18 y 24). Cuando se aplican

los colores es aconsejable hacer, de vez en cuando, una pausa, más o menos larga según el grosor de la capa de pintura, para dejar que la última capa aplicada seque bien. Así, se pueden evitar las mezclas imprevistas de colores sobre el lienzo. Siempre aprovecho las fases de secado para observar el estado del cuadro, analizando el efecto que los valores del claroscuro ejercen sobre mí.

Ahora, ya paso a definir los primeros rasgos, los más generales. Primero pongo los tonos oscuros y luego los cubro con capas de tonos más claros. Ésta es la mejor forma de conseguir el efecto volumétrico y la profundidad. Los colores mezclados para dar una primera sensación ambiental de calidez son: amarillo de Nápoles rojizo, ocre, amarillo indio, tierra de Kassel y blanco. Simultáneamente, voy trabajando el segundo plano. El fondo es una parte integrante del cuadro y no merece ser tratado como un mal menor. Para unificar armónicamente toda la superficie del cuadro, intento repetir los colores del fondo en la figura y viceversa. Gracias a este sistema, se crea una relación entre el motivo y el fondo, las dos superficies integrantes dialogan entre ellas. Si pusiera un fondo oscuro, la cabeza parecería más grande; en cambio, un fondo más claro la haría más pequeña. Cuando me siento indecisa en algún momento del proceso, interrumpo el trabajo con los óleos y hago algunos bocetos de detalles para analizar puntualmente algunos aspectos, como, por ejemplo, el efecto de la luz y sus sombras sobre el rostro, el cuello y la parte de la barbilla.

Ya va siendo hora de poner los acentos más claros. Durante algún rato me dedico a definir con más exactitud la posición de la cabeza y el dibujo del jersey, un buen recurso para contrastar el colorido. En el encuadre del espejo se refleja, en parte, una planta, que incluyo en el cuadro para amenizar el fondo. Primero, la apunto con pinceladas blancas con trazos suaves. Ahora, ya no sólo empleo pinceles de sección plana, también utilizo pinceles redondos de pelo artificial (n.os 4-6).

El proceso de la pintura al óleo no se desarrolla casi nunca siguiendo un orden de pasos previsibles y continuos, sino que evoluciona integrando pruebas, cambios y superposiciones. No existe ninguna regla válida para el proceso de creación de un cuadro al óleo. Cada imagen suele requerir un tratamiento diferente. Por ello, he optado por mostrar el desarrollo y los cambios que he experimentado en una de mis obras a modo de ejemplo. A continuación, me concentro en la parte de los ojos y de la boca, defino la dirección de la mirada, modelo el rostro con tonos más oscuros y, por último, concreto la forma y los colores de la planta (abajo, a la izquierda).

Los labios, si no están maquillados, no suelen ser rojos. Su aspecto será más convincente y natural si logra captar la sutil relación entre las luces y las sombras de esa parte. Los tonos más adecuados para ello son los marrones, rosados y, a veces, incluso algunas tonalidades azuladas.

Para que un retrato respire naturalidad, no siempre hace falta mezclar los colores más parecidos a los reales. Unas pinceladas en tonos blancos o azules pueden dar vida al pelo, los colores del fondo pueden repetirse en éste y en la cara, que en esta fase adquirirá su modelado definitivo. Suelo dejar el acabado de los ojos para el final, pues son el elemento más difícil y, a la vez, el más importante de la expre-sión facial. Para plasmar una mirada determinada, dedique especial atención a los reflejos de luz de las pupilas (véase pág. 21). En el autorretrato se corre el peligro de representar una mirada excesivamente rígida causada por la gran concentración con la que nos observamos en el espejo. Intente distanciarse de vez en cuando de su imagen para analizarla con mayor objetividad.

No hace falta definir el cuadro desde el principio; la pintura al óleo no sólo permite hacer rectificaciones, sino que, como técnica, se basa en un proceso que se enriquece con todos los cambios que incorpora.

La pintura al óleo es un proceso acumulativo, así que no hay por qué definir todos los detalles desde el principio, como puede comprobar en este ejemplo. Al empezar el cuadro pensaba retratarme frontalmente con el pelo suelto y poco fondo (arriba, a la izquierda). De pronto, el conjunto me pareció demasiado formal y quise acentuar más su aspecto dramático. Así que decidí hacer la prueba de cambiar radicalmente el colorido poniendo el peso en los tonos fríos y oscuros, y acentuar la palidez de la cara a modo de contraste. Tras una pausa de secado de la pintura y cierta reflexión, volví al trabajo. Estaba a punto de soltarme el pelo, que me había recogido en un moño, para seguir con el cuadro tal y como estaba previsto, cuando reconsideré que el nuevo peinado era más adecuado.

Como el pelo suelto estaba perfectamente integrado en el fondo, me costó muy poco cubrirlo con una capa de pintura y, así, darle al retrato un aire más austero. Para evitar que el cuello pareciera demasiado largo, lo envolví en un pañuelo pintado en los tonos azulados del fondo. Como ha podido comprobar, esta técnica permite experimentar y jugar con varios cambios sucesivos, que ayudan a expresar sensaciones muy variadas.

Mujer con guitarra

Edeltraut Klapproth

Para el modelo no resulta nada fácil posar durante horas sin moverse. La práctica y agilidad en el dibujo facilita mucho el trabajo, pues, haciendo algunos apuntes rápidos, se pueden captar los aspectos más importantes en poco rato, de manera que el modelo puede relajarse antes. Practique el dibujo siempre que tenga ocasión y, a ser posible, de un modelo del natural. Mi joven modelo (derecha) se quedó dormido mientras posaba sentado, brindándome la oportunidad de estudiar a fondo la expresión de su rostro.

Cuando planifico un retrato, debo tener en cuenta todos los elementos que lo integran; es decir, al principio, me fijo atentamente en los detalles más variopintos. Aun cuando no haya decidido todavía la posición definitiva de las manos en el cuadro, me familiarizo con las manos del modelo tomando varios apuntes, pues éstas son un elemento especialmente característico de una persona.

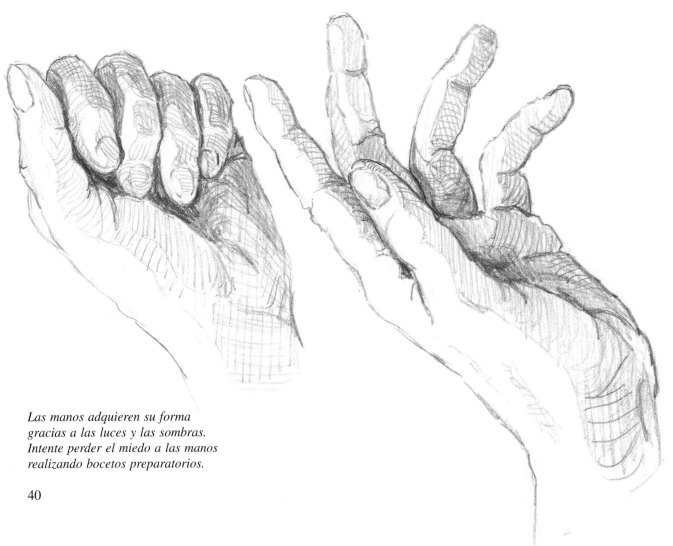

Las manos adquieren su forma gracias a las luces y las sombras. Intente perder el miedo a las manos realizando bocetos preparatorios.

Luego, paso a estudiar con el mismo interés los demás complementos. Tanto la rama de ciruelo como el mango de la guitarra, que quiero incluir en el fondo, requieren un estudio previo. Para analizar su naturaleza, tomo varios apuntes desde diferentes puntos de vista.

Aquí, muestro algunos ejemplos de bocetos que, aparte de ayudarme a captar los detalles particulares, me sirven para determinar la composición general. Decido que la fuente de luz proceda de la parte superior derecha y, en consecuencia, distribuyo los valores de luces y sombras. Las primeras líneas de contorno que se plasman en el lienzo deberían ser de una precisión definitiva, tanto para no abusar de la paciencia del modelo, como para poder continuar el trabajo

sin él, por supuesto hasta cierto punto. Una vez he procedido a aplicar la capa de imprimación en el lienzo, esbozo las líneas básicas con un pincel y pintura al óleo, puesto que el carboncillo me resulta demasiado sucio. Una vez acabada esta fase, acostumbro a dejar el lienzo en reposo al menos durante un día. El tiempo y el distanciamiento me facilitan una última corrección del planteamiento inicial, si es necesaria.

Ahora, hay que determinar las zonas de color, lo que, en este caso, resulta bastante fácil. Como tono base de la piel, empleo el amarillo Nápoles rojizo, que mezclo en las partes sombreadas con tonos marrones y en las zonas más claras con blanco. Para el pelo y la guitarra, empleo un ocre transparente y otro más oscuro. El sombrero será la nota de color más alegre del cuadro. Decido usar un verde intenso y un ver-de óxido de cromo que mezclo con blanco en las luces y con marrón Van Dyck en su lado sombreado.

Cuando llega el momento de definir los rasgos de la cara es muy importante que el modelo esté quieto, pero no rígido. Puede mantener una conversación, a veces es muy útil para evitar que la expresión de la cara se «adormezca», pues posar sentado, cansa bastante.

Poco a poco voy definiendo la personalidad que quiero representar, sin que por ello pierda de vista la composición general. Para evitarlo, le presto tanta atención al fondo como a la figura. Añado otro color, el carmín, en las ciruelas y en la superficie de la chaqueta. Ésta adquirirá su volumen mediante un sombreado en violeta cobalto y algunas luces en ocre transparente. Las ciruelas, en cambio, deben reflejar algo del azul de la cincha de la guitarra. El cuello del instrumento requiere un color gris oscuro, casi negro. No se debe olvidar nunca la procedencia de la luz, sobre todo, cuando se pintan tejidos estampados, pues se tiende a jugar con los colores del estampado sin tener en cuenta los matices cromáticos que provocan las sombras.

A menudo, durante el proceso de trabajo surgen dudas que nos impiden prever cuáles van a ser los siguientes pasos. En cualquier caso, hay que tomárselo con calma y, según cómo, incluso tomarse un par de días de vacaciones. Compare, una y otra vez, su cuadro con la realidad y compruebe si las proporciones, la relación entre los objetos y las distancias son las correctas. ¿Ha puesto las sombras en los lugares adecuados? Cuando se trata de captar lo más característico de un rostro, todos estos aspectos son importantes.

Progresivamente, perfecciono la plasticidad y la estructura del cuadro intensificando el color y modulando sus matices en todas las superficies.

Siempre queda alguna corrección pendiente, algún detalle por cambiar. Cuando estoy satisfecho con la expresión del rostro, vuelvo a ocuparme de los demás detalles. Me dedico al acabado de la chaqueta, retoco la cincha de la guitarra y, por fin, le pongo sus cuerdas. También relaciono los colores del fondo con los del primer plano, añadiendo luces y corrigiendo sombras.

Personalmente, creo que la finalidad principal de un retrato es establecer un parecido entre el modelo real y su representación, lo que limita, en cierta manera, nuestra imaginación. Aun así, la interpretación personal y el estilo del pintor continúan muy presentes en su versión de la realidad: el cuadro. Dos pintores nunca representarán a una misma persona de forma idéntica.

Jessica

Ronald Börner

Las personas que se brindan con más facilidad a posar continúan siendo los familiares. Puesto que trabajo a partir de fotografías y no del natural, me resulta más fácil encontrar una «víctima» que se preste. En esta ocasión, le tocó el turno a mi hija Jessica, ya que, de vez en cuando, le gusta posar como modelo fotográfico.

El primer paso del proceso es, por tanto, hacer la fotografía. No me gusta utilizar cualquier fotografía casual o de las vacaciones, prefiero elegir un motivo concreto que escenifico de forma que pueda imaginármelo como un futuro cuadro. Este principio no sólo es válido para un retrato, sino también para un bodegón. Está claro que he tomado varias fotografías de mi hija en posiciones y actitudes diferentes antes de decidirme por esta versión. Lo que me sedujo de ella es la posición en que está sentada, poco natural y muy hierática, en combinación con la actitud que marca la expresión de su cara.

La paleta de colores no tiene por qué ser muy variada, pero debe permitir una buena mezcla de todos los colores. No es fácil lograr tonos de efecto natural y pintar un color carne que resulte convincente. Para ello suelo emplear las mezclas mostradas abajo.

Blanco de titanio, ocre dorado y una pizca de rojo cadmio

Blanco de titanio, Siena natural y una pizca de rojo cadmio

Ocre dorado y tierra de Siena tostada

Tierra de Siena tostada y sombra

Tierra de Siena tostada y rojo cadmio

Tierra sombra y Siena natural

La mirada es determinante en la expresión del rostro, por lo que los ojos se convierten en el centro de atención del retrato. Cuando los ojos no están bien resueltos en la imagen, se pierde el parecido con el modelo. Aunque la persona esté representada de cuerpo entero, e incluso pueda reconocerse por su postura característica, los ojos son los principales responsables de su verosimilitud y su viveza. Consulte las páginas 20-21 al respecto.

La mirada no debe perder intensidad por la falta de luz, ni tampoco sobresalir de la cara por un trazo demasiado fuerte. Observe las sombras con atención; todo rostro, incluso el más joven, tiene relieves y hendiduras que modelan la luz. Siempre resulta de gran ayuda hacer bocetos para captar y entender los valores del claroscuro. No renuncie, si hace falta, a incluir algunas líneas estructurales de ayuda, como he hecho en el dibujo de arriba. Puede hacerlo también sobre el lienzo, ya que las líneas acabarán cubiertas de pintura.

Primero, reparto los tonos básicos de la parte de los ojos, remarcando desde el principio sus partes claras y oscuras. La expresión de la mirada debe corresponderse con la realidad a partir de esta fase. A continuación, paso a definir el color de los ojos, la posición de las pupilas y los diferentes tonos de la piel del contorno del ojo.

Generalmente, trabajo el rostro partiendo de los tonos oscuros hacia los claros y reservando los reflejos más claros de luz para el final. Reflexione por un momento dónde pondría los brillos del ojo para darle más vida. Compruebe cómo lo he resuelto en mi cuadro, en la página 51.

Empecemos con el fondo. Trabajo sobre una tabla de madera contrachapada que está montada sobre un bastidor de madera a causa de su tamaño (98,5 × 82 cm). Para la imprimación, utilizo blanco, rojo veneciano, carmín y azul cobalto. Durante su aplicación, voy mezclando y difuminando los colores con pinceles y trapos impregnados con trementina. No hace falta que la capa de imprimación sea gruesa, sólo sirve para cubrir la tabla de madera e impedir que la pintura al óleo penetre y sea absorbida demasiado rápidamente por el soporte. En mi caso, la imprimación ya forma parte de la pintura, no me limito a aplicar una capa uniforme y lisa, sino que la aprovecho para construir una base texturada que luego asomará a través de las demás capas. Lo mismo ocurre con las primeras líneas del dibujo de la figura.

Una vez seco el fondo, comienzo con el dibujo. Suelo «dibujar» con el pincel, empleando diferentes colores a fin de fijar de antemano algunos valores de luces y sombras.

Otros colores empleados

Blanco de titanio, negro marfil, ocre dorado, Siena tostado y Siena natural, sombra, rojo cadmio, carmín.

A continuación, modelo el cuerpo con una mezcla de Siena tostado y sombra. Aplico entonces la pintura muy diluida a base de veladuras a fin de que trasluzca el fondo. Distribuyo las pri-meras luces y luego me dedico espe-cialmente a trabajar el rostro y los plie-gues de la camiseta. Las rayas resul-tan un recurso de gran utilidad para explicar las formas adecuadas de los pliegues. El pantalón y la gorra se con-vierten en elementos prácticamente gráficos, es decir, superficies planas que relleno con un negro puro a base de pinceladas uniformes.

A partir de ahora, el trabajo consiste en perfeccionar detalles, acentuar sombras y destacar algunas partes. Para recuperar la impresión de conjunto de la imagen es necesario distanciarse de vez en cuando del cuadro, pues es demasiado fácil perderse en detalles y olvidar la composición general. Por cierto, la composición de mi ejemplo es poco común y extremada, sin embargo la elegí conscientemente. Una gran superficie vacía reconduce la atención hacia la figura, pero, en este caso, lo hice porque la gracia del cuadro reside en la contradicción entre la pose, la expresión de la cara y el espacio. Además, la posición relajada de brazo y mano acentúa este efecto. Cualquier elemento más hubiera podido perturbar el equilibrio.

50

Por último, me dedico al perfeccionamiento de los detalles. Es el momento de acabar las manos, corregir sombras y añadir matices de color. Cuesta definir qué es esencial, condición necesaria para dar por acabado un cuadro. A excepción de la cara, pinté el resto de la figura deliberadamente desenfocado. Donde las líneas eran excesivamente nítidas, las he difuminado apli-

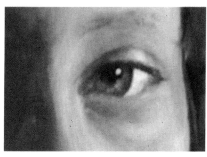

cando pintura con pinceladas secas e interrumpidas. Suelo dejar los reflejos de luz en las pupilas para el final. Su color, que parece blanco, es una mezcla de ocre dorado y blanco de titanio, es decir, un tono cálido que no resulta demasiado duro para la ternura de la cara infantil. La mezcla de los colores del fondo se corresponden con los de la figura y acentúan su atractivo.

51

La abstracción

Brian Bagnall

La palabra abstraer significa en su origen «despojar», separar lo esencial de lo superfluo. En el contexto artístico, se suele utilizar el concepto «abstracto» aplicado a composiciones no figurativas, es decir, aquellas que representan exclusivamente formas insustanciales y color. La verdad es que no quería ir tan lejos en mis ejemplos, pero sí que me gustaría descubrirle ciertas posibilidades que le brinda la abstracción de la representación naturalista-realista. En definitiva, se trata de jugar con formas y colores.

Comencemos por un retrato bastante figurativo, al que he añadido dos elementos para describir una situación: la habitación y la corbata ondulante. Estoy convencido de que la forma de vestir de cada uno habla mucho de su carácter. El movimiento de la corbata es un contrapunto dinámico a la rigidez del espacio rectilíneo.

El primer paso hacia la abstracción consiste en la simplificación, la cara se reduce a unas líneas de contorno básicas (abajo). En el boceto pequeño puede comprobar la relación entre las superficies positivas y las negativas en las que baso mi composición. Algunos garabatos en color son útiles a la hora de soltar la mano para liberarme de las formas rígidas.

A veces hago algunas salpicaduras sobre el papel antes de comenzar con los bocetos, para perder el miedo ante la hoja en blanco. Cuando las manchas han estimulado mi fantasía, empiezo a jugar con los colores. El dibujo a base de trazos sueltos de la izquierda surgió mientras observaba a un presentador en la televisión.

Del boceto simplificado de la imagen pequeña (arriba, a la derecha) desarrollé un cuadro esencialmente abstracto (derecha). En este caso también partí de la síntesis y descomposición de un retrato en formas simples, que así devienen formas propias. El fondo negro también contribuye a la transgresión del efecto de la imagen. Si pone este cuadro cabeza abajo, le costará bastante reconocer que se trata de la cabeza de un hombre. El truco de mirar un cuadro al revés facilita mucho el proceso de abstracción, pues interpretamos las formas desde una nueva perspectiva.

Ahora quisiera plasmar el boceto de la página 52 en la técnica de la pintura al óleo. Siempre me resisto a trasladar el colorido de los bocetos al lienzo, pues temo que se pierda algo de su espontaneidad por el camino. Primero, dibujo las líneas básicas con un lápiz claro y relleno algunas superficies con barritas de pintura al óleo. Trabajo sobre un fondo negro que subraya el efecto de los colores haciéndolos luminosos y vivos. Ahora, distribuyo las primeras zonas de color con pintura al óleo y marco algunas luces. Ya he decidido la manera de representar la corbata; deberá contrastar con el lenguaje abstracto en que representaré el rostro, es decir, su representación será plástica y realista. Lo tengo tan claro que trabajo a fondo su aspecto y acabado. Por lo demás, voy comprobando constantemente el estado de la composición general, para no perderme en detalles superfluos y poco importantes.

Colores empleados

Blanco de titanio, amarillo cadmio limón, amarillo cadmio, naranja cadmio, rojo cadmio claro, rojo carmín, sombra tostada, ocre transparente, verde óxido de cromo brillante, violeta, fucsia y azul ultramar.

El rostro, que se pierde arriba integrándose en el fondo, se apoya sobre la superficie austera del traje, y tiene como contrapunto la corbata, cuya pincelada marca el movimiento contrario. Pero aún queda por trabajar la expresividad de las zonas planas del rostro, y las pinceladas del fondo deben evolucionar de la mano del resto del retrato. Antes de empezar un retrato suelo hacer infinidad de bocetos, hasta dar con la imagen mental del resultado que persigo, aunque éste sea fantasioso y abstraiga la realidad. Por este motivo, no suelo cambiar muchos elementos durante la construcción del cuadro, pues llevo la idea original en la cabeza. En este estado del cuadro, como muy tarde, la composición debe estar definitivamente resuelta para poderme concentrar en el perfeccionamiento de los detalles.

Ahora, refuerzo las formas geométricas de la chaqueta y su solapa para acentuar su contraste con las pinceladas de la cara. Si se tratara de un paisaje, la contraposición de las pinceladas severamente ordenadas de la chaqueta y el movimiento de las del rostro equivaldrían al efecto que produce una casa en medio de una arboleda agitada por el viento. Cuando me entretengo observando a gente vestida de estricta etiqueta, pienso irremediablemente en el cuerpo como la estructura rígida de un edificio que sólo puede mover la cabeza y las manos. Ésta es la sensación que quería transmitir aquí. En cualquier retrato, una técnica pictórica adecuada puede ser el mejor aliado para captar y acentuar el carácter de la persona. Un hombre severo parecerá aun más exigente si se ha pintado con líneas duras y rectas, en cambio, si el modelo está riéndose, unos cuantos trazos movidos ampliarán la risa y su alegría.

Por otro lado, el contraste entre la camisa blanca y el rostro es tan importante como el que se establece entre las diferentes técnicas: las pinceladas secas se diferencian claramente de las superficies de colores planos. Como es habitual, el último paso consiste en acabar los detalles y hacer las correcciones definitivas de los matices cromáticos. También añado los últimos reflejos de luz con pinceladas secas en blanco y amarillo cadmio. En la textura de la camisa aún trasluce el fondo negro provocando un efecto de transparencia muy logrado, si se integra adecuadamente en las sombras. Incluso parece que figura y camisa estén iluminadas por un foco. En esta fase, he trabajado el conjunto del cuadro añadiendo más colores cálidos, como amarillos, naranjas y rojos, a la vez que he acentuado la profundidad del fondo mediante tonos azules y violetas. También he puesto más acentos de color y luz en la corbata. Es difícil decidir cuándo se da por acabado un cuadro; es una decisión que sólo puede tomar uno mismo. Pero si no se decide nunca a poner el punto final, puede conducir su cuadro al desastre irreversible.

Trucos
e ideas

La transferencia del boceto al lienzo a mano alzada no siempre es una operación sencilla, requiere buen sentido de la proporción y práctica. Basta con calcar las principales líneas de contorno sobre un papel translúcido, oscurecer las líneas calcadas por el reverso del papel con lápiz blando o carboncillo y reseguir las mismas líneas con un lápiz más duro, apoyando el papel carbón sobre el soporte pictórico. Si quiere ampliar un boceto pequeño tiene varias soluciones. Una forma de ampliación consiste en proyectar, en un cuarto oscuro, el patrón reducido con ayuda de un proyector directamente sobre el soporte del cuadro, tal y como se proyecta una diapositiva sobre una pantalla. Luego, sólo hay que reseguir los contornos a lápiz o carboncillo. El grado de ampliación dependerá de la distancia entre el proyector y el soporte.

Otra técnica de ampliación es el método de la cuadrícula. Como puede ver en el ejemplo, se traza sobre el boceto original una reja cuadriculada. Luego, se reproduce la misma cuadrícula, debidamente ampliada, sobre la superficie que se va a pintar. A continuación, se trasladan todas las líneas importantes al lienzo cuidando que cada una esté en su cuadrado correspondiente. Así obtendrá una ampliación proporcionada. Por último, puede borrar las líneas de la cuadrícula o, simplemente, cubrirlas con capas de pintura.

No hace falta que una forma sea abstracta para tener un colorido poco común, también se pueden transgredir los colores de la realidad en un retrato «convencional». La imagen de la izquierda, un retrato que el ilustrador y pintor americano Tom Rummonds hizo de su hija, es un buen ejemplo. Aunque haya pintado la cara combinando azules, amarillos y rojos, el efecto resultante no es ridículo y, mucho menos, abstracto. Más bien al contrario, los colores intensifican la expresión nostálgica de la chica. La franja azul que cruza la mirada bien podría ser la sombra de la ventana, y el amarillo parece reflejar la calidez del sol aunque éste, en realidad, no entre en la habitación.

A decir verdad, lo de «colorear» arbitrariamente una cara, parece más fácil de lo que luego es en realidad, porque no se trata sólo de intensificar los colores naturales ni de exagerar los matices. No todos los colores sirven para este menester. Además, es importante que el rostro mantenga su especificidad, aquello que lo caracteriza. Tampoco debe parecer enfermo, ni ridículo. Muchos artistas se han dedicado a la transgresión de la realidad, investigando con los diversos procesos de manipulación del color y de abstracción de la forma, como hizo Picasso.

Aquí he optado por interpretar libremente el retrato de «Nikita», de Alexej Jawlensky, aunque he mantenido los rasgos característicos del original y sus colores principales. La copia del cuadro ha sido una experiencia muy interesante, pues, de haber coloreado espontáneamente, hubiera empleado otros colores.

Sugerencias para pintar

Una de las actitudes que caracterizan a cualquier artista es su buena predisposición hacia todo lo nuevo. A veces, los objetos más inesperados nos brindan motivos maravillosos, mientras que algunas obras de reconocida grandeza nos dejan indiferentes.

Me gusta utilizar servilletas de papel para limpiar los pinceles, mientras pinto, suelo hacer pruebas de pinceladas y de colores sobre éstas. Hace poco, usé una servilleta amarilla. Casualmente, los colores, puestos al azar, combinaban con el color de fondo. Al darme cuenta, y casi como una broma irónica, coloqué el resultado en un marco de madera antiguo. Y ahí tenía ante mí un bonito cuadro abstracto. Entonces, descubrí en un recodo algo parecido a la forma de una cara. Pensé que tenía un perfil de pájaro encantador y me dediqué a hacer un boceto al óleo de él. Tal vez, algún día me base en el boceto para hacer un retrato más elaborado.

Una servilleta sucia como fuente de inspiración. Arriba, puede ver la servilleta entera; en el recuadro, he descubierto una cara y la he pintado abajo, a la izquierda. ¿Descubre algo más?

A veces se tienen ganas de hacer un retrato, pero no se tiene a nadie cerca que se sacrifique para posar. Otras, uno se siente dispuesto a experimentar con algo diferente, pero no se sabe por dónde empezar a hacerlo. Para resolver estas situaciones, bastante frecuentes, encontrará aquí algunas sugerencias.

La gracia de la imagen de arriba está en la combinación entre las formas gráficas –rectángulos y líneas rectas– que dibujan la ventana y los postigos, y su contraste con la cara y el pañuelo estampado. El reto principal de un retrato así no está en reproducir un parecido perfecto, sino en evocar las diferentes texturas mediante, por ejemplo, la aplicación de pintura por capas gruesas o con espátula.

¿Qué le parecería jugar con la abstracción? ¿Por qué no se aventura a hacer un cuadro abstracto? La fotografía de esta cara, que parece una máscara, fue tomada en los carnavales de Venecia. Pruebe a hacerlo empezando por el fondo, difuminándolo mediante suaves gradaciones. El maquillaje del rostro ya lo subdivide en zonas de color inverosímil, basta con exagerarlas. Para acabar el cuadro, puede acentuar los colores vivos de las barras con ayuda de la espátula. Antes de comenzar, haga varios bocetos que le ayuden a componer y repartir las superficies de color, así como a deformar o destacar algunos de los elementos de la imagen.

Un retrato también ofrece la posibilidad de expresar sentimientos que no tengan nada que ver con la persona retratada. Siguiendo este principio, Herbert Klee, un pintor de las cercanías de Munich, experimenta con la deformación. Primero lo hizo con fotografías Polaroid, luego retomó estas imágenes movidas y distorsionadas para pintar cuadros. Aunque se perciba cierto parecido con el modelo, sus rasgos particulares pasan a convertirse en meras formas, que aún se pueden abstraer más mediante el color.

Glosario

Abstracción:
Abstraer significa generalizar, renunciar y alejarse de lo material. Desde 1910 el arte abstracto ha ido evolucionando y normalizándose. También se denomina arte inmaterial.

Barras de pintura al óleo:
Estas barras se elaboran a partir de una mezcla de pigmentos, ceras, aceites y grasas animales. La pasta mantecosa obtenida se moldea en forma de barra. El óleo en barra se diluye y disuelve con trementina y repele el agua.

Colores básicos:
En la pintura, los colores básicos o primarios son el amarillo, el rojo y el azul. Les caracteriza que no se pueden obtener de la mezcla de otros colores, pero, en cambio, son la base que permite obtener todas las demás tonalidades cromáticas.

Colores cálidos y fríos:
El rojo anaranjado es el color más cálido, el verde azulado, el más frío. Se denominan cálidos los colores amarillo, amarillo-naranja, naranja, rojo anaranjado, rojo y rojo-violeta. Los fríos son: amarillo verdoso, verde, verde azulado, azul, azul violáceo y violeta. En el círculo cromático de 12 colores, el rojo anaranjado y el verde azulado son los polos opuestos de máxima calidez y frialdad. Los demás colores varían en su calidad según su contraste con otros tonos y sus componentes cálidos o fríos. (Consúltese bibliografía especializada en la teoría del color, especialmente a J. Itten.)

Cubismo:
Los primeros artistas que aplicaron los principios del cubismo (del latín *cubus*, cubo) fueron Picasso y Braque, influenciados por la idea de Cézanne, que consistía en sintetizar la naturaleza en formas básicas como cilindros, esferas y cubos. Mientras Cézanne utilizaba este sistema como apoyo para la representación realista, los cubistas lo convirtieron en el dogma de su arte. En consecuencia, desglosan el motivo en las formas básicas que lo componen y lo reconstruyen en nuevas formas sintéticas, lo que puede llevar a la abstracción total.

Degradado:
Los degradados o gradaciones son transiciones cromáticas suaves y progresivas. Pueden ir de oscuro a claro o viceversa, y de un color a otro. En un degradado de oscuro a claro, por ejemplo, un color se va aclarando según se va mezclando gradualmente con blanco.

Desnudo:
Como indica el nombre, en general se trata de la representación del cuerpo humano desnudo. Se diferencian tres tipos de desnudo: de pie, estirado o en movimiento. En los primeros, el artista suele representar el cuerpo en una postura estática describiendo su anatomía particular. Los apuntes de movimiento, en cambio, tienen como finalidad captar y plasmar en una imagen el movimiento del cuerpo.

El jinete azul **(Der Blaue Reiter):**
Grupo de artistas fundado en Munich en 1911 que ha ejercido gran influencia en el arte moderno. El grupo se sentía temática y estilísticamente cercano al cubismo francés. El nombre procede del título de un cuadro de Wassily Kandinsky, uno de sus miembros más importantes. Entre los demás se contaban Franz Marc, Paul Klee y August Macke.

Empaste:
Generalmente se entiende por empaste la aplicación de una capa gruesa de pintura. En la pintura al óleo, esta técnica consiste en aplicar sobre el lienzo la pintura sin diluir o poco diluida, empleando un pincel duro o una espátula, de modo que la pasta sobresalga ligeramente del fondo creando un relieve claramente perceptible.

Húmedo sobre húmedo:
Técnica que consiste en pintar sobre una capa de pintura todavía húmeda, lo que provoca que los colores se mezclen sobre el lienzo y permite así al artista crear e integrar nuevos matices.

Plasticidad:
Se denominan plásticas todas las formas con volumen que no tienen aspecto plano. Mientras el escultor puede modelar un cuerpo real en el espacio, el pintor debe resignarse a crear la ilusión de la tridimensionalidad mediante determinadas técnicas.

Retrato:
Cualquier representación pictórica del ser humano se engloba en el concepto de retrato. En el cuadro puede aparecer la persona de cuerpo entero, de medio cuerpo, su busto o, simplemente, su rostro. Según la cantidad de personas retratadas, se habla de retrato individual, doble (o de pareja, cuando se trata de dos personas relacionadas entre sí) o de grupo. En este caso, puede tratarse de un grupo casual o de un grupo de hecho, es decir, gente unida por una causa o una actividad común. Por el significado del retrato, también se distingue entre el retrato social, de temática familiar y privada, y un retrato civil, como, por ejemplo, un retrato representativo de un príncipe o de un ciudadano en uniforme, etc.

Seco sobre seco:
Técnica pictórica consistente en la aplicación de pintura no diluida sobre fondo seco. Según la textura del fondo, se pueden obtener efectos interesantes.

Veladura:
Aplicación de una capa de pintura transparente sobre otra capa de pintura seca, de forma que ésta se trasluce y surgen nuevos matices. La veladura se hace con pintura líquida según la siguiente regla: una capa de pintura magra (mucha trementina, poco aceite) no debe aplicarse sobre una capa de pintura grasa (mucho aceite, poca trementina) porque, al secarse, podría cuartearse la capa de la superficie del cuadro.

Indice alfabético

Indice de ilustraciones